„Wenn der unselige
Konjunktiv
nicht wäre,
wäre sicher Vieles besser."

Diese fundamentale Erkenntnis ist allen aufmerksamen Leserinnen und Lesern dieser Edition gewidmet, die nicht bereit sind, sich weiterhin dem primitiven Diktat vermeintlicher Sachzwänge auszuliefern. Machen wir das Beste daraus!

M. Bluemlein, 2014

www.365wenn.de

Mathias Bluemlein

365 wenn.de
„Jeder Tag ist voller Möglichkeiten.
Sogar der Alltag."

© Mathias Bluemlein 2014
www.365wenn.de

c/o
alias X
Konzeptionslabor
Industriestr. 10
D-89275 Elchingen
www.aliasx.de

Bilder:
Titel/Umschlag: © Igor S. - Fotolia.com, © INFINITY - Fotolia.com

Texte und Titelgestaltung: alias X

Bibliografische Information der Deutschen Nationalbibliothek:
Die Deutsche Nationalbibliothek verzeichnet diese Publikation in der Deutschen Nationalbibliografie; detaillierte bibliografische Daten sind im Internet über http://dnb.dnb.de abrufbar.

Herstellung und Verlag:
BoD – Books on Demand, Norderstedt
ISBN: **978-3-7357-2563-9**

Wenn ein Wort vor dem anderen steht, handelt es sich meistens um ein Vorwort...

„Wenn das Wörtchen „Wenn" nicht wäre..."
Kürzer lässt sich die alltägliche Absurdität von Möglichkeit, Projektion, Feststellung, Irrtum und enttäuschter oder vergeblicher Hoffnung kaum fassen. Ob als Frage, als Konjunktiv, als Bedingung, als Schlussfolgerung oder als regelhafte Festschreibung – tagtäglich schafft das unscheinbare Bindewort „Wenn" ein ganzes Universum an Verbindungen - und stellt sie gleichermaßen in Frage.

Höchste Zeit, dieser Konjunktion die Aufmerksamkeit zu widmen, die sie verdient. Denn sie kann unser Leben fundamental verändern - und sei es nur in der tagträumenden Fantasie.

Manchmal braucht man eben ein dickes Fell, oder?
Wenn Du ein Tier sein könntest –
welches Tier wärst Du gerne?

Wie wär's mit dem Elefanten?
Der Elefant ist ein Dickhäuter. Aber er ist auch ein Symbol. Für Kraft, für Sympathie, für Stärke, für Sensibilität, für Glück, für Weisheit, für Lebensfreude, für Treue, für Hoffnung, für ein legendäres Gedächtnis, für ein langes Leben. Der Elefant ist eine beeindruckende Projektionsfläche für die Sehnsüchte und Schwächen unserer menschlichen Existenz. In seine markante, manchmal bestürzend melancholische

Physiognomie und in seine dicke runzlige Elefantenhaut sind die Furchen unseres irdischen Daseins eingeschrieben. Wie beim Menschen bildet ein funktionierender Sozialverband seine Existenzgrundlage, und das Individuum wandelt mit ähnlich langer Lebenszeit auf diesem geschundenen Planeten.

In ihrer ganzen Erdenschwere ist es diese prähistorisch anmutende Kreatur, bei deren Anblick unser Menschenleben mit all' seinen kleinen und großen Erschwernissen uns erträglicher erscheint.
Der Elefant ist das fleischgewordene Paradoxon der Leichtigkeit des Lebens im Angesicht der Schwerkraft – zumindest als Möglichkeit. Dafür lieben und verehren wir ihn. Denn wenn wir selbst dünnhäutig werden, wenn die Zumutungen unseres beschwerlichen Alltags scheinbar auf keine Kuhhaut mehr gehen, erinnern wir uns der dicken und doch so empfindsamen Haut des Elefanten. Und schon wird uns leichter ums Herz.
Es sei an dieser Stelle ausdrücklich vermerkt, dass für die hier abgebildeten Elefantenportraits die Tiere keinerlei Dressurakten, ebensowenig nicht artgerechten oder gar tierquälerischen Aktionen unterworfen waren oder wurden – dank digitaler Bildbearbeitung!

Freiraum für alle!
Weil auch kleine Gedanken manchmal viel Platz brauchen, um sich entfalten zu können, damit sie vielleicht irgendwann große Dinge bewegen können, sind wir mit dem Raum innerhalb dieser Veröffentlichung bewusst großzügig umgegangen.

So lässt sich jedes „Wenn" von allen Seiten und aus allen Blickwinkeln betrachten, ohne durch anderen umgebenden Text beeinflusst oder abgelenkt zu werden.
Es bleibt natürlich freigestellt, den Freiraum auch für eigene Anmerkungen, Notizen oder Ergänzungen zu nutzen – fühlen sich gute Gedanken doch am wohlsten in der fruchtbaren Gesellschaft besserer oder weiter führender Gedanken, zu denen der Autor hiermit ausdrücklich anregen will. Ebenso wie zur weidlichen privaten Nutzung oder Verbreitung geeignet erscheinender Sprüche und Weisheiten, die hier von geneigten Leserinnen und Lesern gefunden werden. Jede andere Verwendung, Verbreitung oder Vervielfältigung bedarf jedoch der ausdrücklichen schriftlichen Genehmigung, eine zitatweise Wiedergabe immer der Nennung des Urhebers. Auch sei an dieser Stelle ausdrücklich zur Zusendung eigener Schöpfungen, Erkenntnisse oder Anregungen ermuntert, welche dann, unter Nennung des jeweiligen Urhebers/der Urheberin entweder in der nächsten 365wenn-Edition oder auf der website www.365wenn.de gewürdigt werden können.

© Mathias Bluemlein 2014

| 3 |

!/ Wenn man den Boden unter den Füßen verliert, ist man entweder berauscht, glücklich, oder man gehorcht schmerzhaft den Gesetzen der inneren oder äußeren Schwerkraft.

| 4 |

μ Wenn ein Künstler hinter sein Werk zurücktritt, dann meist aus Respekt vor der Kunst. Wenn ein Politiker zurücktritt, dann meist nicht aus Respekt vor dem Amt.

| 1 |

„Wenn wir Computern Befehle erteilen, hat das fast immer den Effekt, dass wir unsere Befehlsgewalt aus der Hand geben!"

| 2 |

Wenn Aphorismen zu basteln so einfach wäre, hätte aus diesem hier ein schöner werden können.

| 5 |

"..." Wenn der Mensch erst einmal zum Massenphänomen verkommen ist, hilft auch keine Gruppentherapie mehr.

| 6 |

Wenn Kunstverstand und Sachverstand aufeinander treffen, besteht die große Kunst darin, sachlich und verständig zu bleiben...

| 7 |

Wenn ... Erfolg primär auf Versuch und Irrtum beruhen soll, ist diese Theorie zwar ein Versuch, aber wahrscheinlich ein Irrtum.

| 8 |

~?~ Wenn ein reißender Fluss Dich hindert, das andere Ufer zu erreichen – in welcher Richtung ist wohl die Chance größer, ihn zu überqueren: flussabwärts oder flussaufwärts?

| 9 |

( ) Wenn geistige Leere Dich erfüllt:
genieße die Vorstellung Deiner
unendlichen Möglichkeiten!

| 10 |

? Wenn Du die Antwort nicht weißt,
dann vielleicht, weil Du die richtige
Frage noch nicht gefunden hast?

| 11 |

¹⁰⁰Wenn einhundert noch so gute Vorsätze uns nicht weiterbringen, ist es vielleicht an der Zeit, es mit einer einzigen guten Entscheidung zu versuchen.⁰⁰¹

| 12 |

Wenn man sich gern selbst treu bleiben will, ist es am einfachsten, stereotyp die eigenen Fehler zu wiederholen.

Wenn man sich gern selbst treu bleiben will, ist es am einfachsten, stereotyp die eigenen Fehler zu wiederholen.

Wenn man sich gern selbst treu bleiben will, ist es am einfachsten, stereotyp die eigenen Fehler zu wiederholen.

Wenn man sich gern selbst treu bleiben will, ist es am einfachsten, stereotyp die eigenen Fehler zu wiederholen.

| 13 |

Wenn man sich an fremden Zielen orientiert, wird man sie womöglich erreichen.

| 14 |

!!! Wenn sich eine Hoffnung zerschlägt, sind wir um eine Hoffnung ärmer. Ebenso, wie wenn sie sich erfüllt...

| 15 |

;) Wenn man eine neue Perspektive braucht, genügt es manchmal schon, nur ein Auge zuzudrücken.

| 16 |

WENN

wir unsere Mitmenschen würdig behandeln würden, stünde der Begriff „Menschenwürde" nicht im Konjunktiv.

| 17 |

[12]Wenn Du glaubst, dass Deine Tage gezählt sind, lohnt es sich immer, nochmal nachzuzählen.[34]

| 18 |

Wenn ein vermeintlicher Pechtag ereignislos vorübergeht, schätzt man sich glücklich.
Wenn ein vermeintlicher Glückstag ereignislos vorübergeht, fühlt man sich betrogen.
Wenn der Alltag ereignislos vorüberzieht, fühlt man sich leer.
Demnach sollten wir wohl danach streben, jeden Tag wie einen ereignislosen Pechtag zu erleben.

| 19 |

 # Wenn Du wirklich mit etwas aufhören willst, kannst Du jederzeit damit anfangen. Warum also nicht später?

| 20 |

Wenn man etwas kauft,
dann meist, um es zu benutzen,
zu besitzen, es zu verbrauchen, wieder zu
verkaufen oder schließlich wegzuwerfen.

Wenn man etwas erwirbt,
dann meist, um es zu behalten,
zu vermehren, zu teilen, oder weiter
zu geben.

| 21 |

Wenn man weiß, *was man zu verlieren hat, ist man entschlossener, als wenn man nicht weiß, was man zu gewinnen hat. Hüte Dich vor der Entschlusskraft derer, die nichts mehr zu verlieren haben!*

| 22 |

Wenn man nicht den Mut hat, auch falsche Entscheidungen zu riskieren, hat man auch keinen Mut für die richtigen.

| 23 |

.~ß Wenn man den Einen durch eine zu tiefe Verbeugung seine Ehrerbietung erweist, zeigt man den Anderen dabei zwangsläufig seine Kehrseite.

| 24 |

>>>**Wenn sich etwas zu schnell entwickelt, ist es womöglich am Ende, bevor es fertig ist.** |<<

| 25 |

$Wenn Männer wissen, was sie wollen,
geht es meistens um Geld.
Wenn Frauen wissen, was sie wollen,
geht es meistens um einen Mann mit Geld.

| 26 |

?Wenn
Kleider Leute machen, was ist dann mit
den Leuten, die Kleider machen ?

| 27 |

Wenn eine Trennung schmerzt,
ist das Gefühl noch lebendig.
Wenn sie erleichtert, war es höchste Zeit.
Wenn sie nicht mehr schmerzt,
ist sie überwunden.
Wenn sie nie geschmerzt hat,
war es auch keine Trennung.

| 28 |

oWenn Dir die Welt zu Füßen liegt,
solltest Du sie auf Händen tragen.

| 29 |

**Wenn Du trauerst, ist es ein Verlust.
Wenn Du nachtrauerst,
ist es Selbstmitleid.**

| 30 |

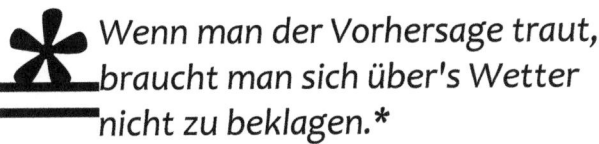*Wenn man der Vorhersage traut,
braucht man sich über's Wetter
nicht zu beklagen.**

| 31 |

Wenn man kein Rückgrat hat, ist es riskant, den Kopf zu weit oben zu tragen.

| 32 |

Wenn Du meinst, es geschafft zu haben, hast Du vielleicht einen Kampf gewonnen. **Aber tatsächlich hast Du einen Krieg begonnen.**

„Wenn ich eine Kreatur begreifen will, muss ich sie beobachten. Wenn ich den Menschen beobachte, begreife ich nichts mehr."

| 34 |

§ Wenn ein Bürokrat die Welt verändern will, füllt er sie mit Akten.
Schlimmstenfalls mit Gewaltakten.

| 35 |

Wenn Du Spuren hinterlassen willst, reicht es oft schon, in Hundekot zu treten ~.•.~.

| 36 |

Wenn man sich schon keinen Stolz leisten kann, sollte man ihn sich zumindest bewahren.

| 37 |

Wenn Du einen Idealisten gewinnen willst, gib ihm eine Idee. Wenn Du einen Moralisten gewinnen willst, gib ihm eine Moral. Wenn Du einen Opportunisten gewinnen willst, gib ihm eine Gelegenheit.

| 38 |

Wenn man von seiner eigenen Intelligenz geblendet wird, ist das eine besonders fatale Form der Dummheit.

| 39 |

Wenn Politiker Absichtserklärungen abgeben, dann meist in der Absicht, ihre wahren Absichten zu verschleiern.

| 40 |

"Wenn man sein Leben
nicht in die Hand nimmt,
tun es Andere."

| 41 |

Wenn sich jemand die Hände in Unschuld wäscht, sollte man genau hinschauen, ob es nicht mit dem Blut unschuldiger Opfer geschieht.

| 42 |

⁓ Wenn man immer mit dem Strom schwimmt, kommt man schneller voran. Abwärts. ⁓

| 43 |

Wenn Charakterschwäche eine Not ist, ist Wankelmut eine ihrer stärksten Tugenden.

| 44 |

{ Wenn es darauf ankommt,
Charakter zu zeigen, zeigen fast
alle ihren wahren Charakter.

| 45 |

Wenn Entscheidungen immer richtig
wären, würde man keine mehr treffen.

| 46 |

Wenn wir die Wahrheit nicht suchen, wird sie uns finden.

| 47 |

»Wenn man etwas sucht, findet man es nicht immer dort, wo man es verloren hat. Auch nicht dort, wo man es gesucht oder vermutet hat. Sondern dort, wo es sich befindet.«

| 48 |

Wenn man das
Alphabet kennt, beherrscht man
deshalb noch lange nicht die Sprache.

| 49 |

Wenn man sowieso schon am
Verlieren ist, zieht man meistens
das Hoffnungslos aus der Glückstrommel.

| 50 |

»Wenn man viele Anfänge herumliegen hat, muss man sich mit vielen losen Enden herumschlagen.«

| 51 |

Wwenn man auf Vorrat arbeitet, hat man mit Sicherheit mehr gearbeitet. Aber nicht zwangsläufig mehr geschafft.

| 52 |

Wenn das Leben zur Gewohnheit geworden ist, lohnt es sich herauszufinden, ob es eine gute oder eine schlechte ist.

| 53 |

**！*Wenn massiv an den Gemeinsinn appelliert wird, steckt fast immer ein massives Eigeninteresse dahinter.*ABC

| 54 |

⌁~ Wenn man den Wurm geringschätzt, wird man nie ein guter Angler.

| 55 |

Wenn die Lektüre der Todesanzeigen das Einzige ist, was Dich noch aufbaut, dann ist es entweder Zeit zu sterben, oder aber ein neues Leben zu beginnen.
Es sei denn, Du bist Bestattungsunternehmer.

| 56 |

Wenn ich ewig gültige Wahrheiten will, muss ich mich gedulden bis in alle Ewigkeit --- … __

| 57 |

Wenn man ein Kuckucksei erst ausgebrütet hat, kann man den Kuckuck nicht mehr haftbar machen.

| 58 |

#Wenn Spinnen spinnen, ist es faszinierend, sich ihre Arbeit näher zu betrachten. Das selbe trifft nicht selten auch auf die Arbeit von Spinnern zu.##

| 59 |

o^oWenn man seine Träume erst einmal verwirklicht hat, sind es keine mehr. Deshalb sollte man abwägen, was wertvoller ist: unerfüllte Träume oder traumlose Erfüllung.

| 60 |

*Wenn Dich die Angst im Griff hat,
musst Du sie loslassen.*
Wenn Du die Angst im Griff hast,
wird sie Dich loslassen.

| 61 |

Wenn „alternativlos" der Weisheit letzter Schluss ist, dann wird es höchste Zeit, über Alternativen nachzudenken.

| 62 |

Wenn sich aller Mühen zum Trotz kein Erfolg einstellt, wäre es gescheiter, die Arbeit einzustellen, und etwas Intelligenteres versuchen.

| 63 |

Wenn Erfolg sich ohne großen
Arbeitsaufwand dauerhaft einstellt,
ist das ein Hinweis auf Intelligenz, Glück,
Chuzpe oder Skrupellosigkeit.
Oder alles zusammen.

„Wenn Demut angebracht ist,
dann vor dem Leben – nicht vor dem Menschen."

© mattiaath - Fotolia.com

| 65 |

~ *Wenn Du fröhliche Menschen sehen willst, besuche eine Trauerfeier.*

| 66 |

Wenn man einen Menschen für dumm hält, sollte man die Möglichkeit in Betracht ziehen, dass er sich vielleicht einfach nur in einer anderen Dimension des Denkens befindet, als man selbst.

| 67 |

Wenn Hochmut vor dem Fall kommt –
helft allen hinauf, die es verdienen!

| 68 |

Wenn man das Naheliegende nicht
sieht, dann oft deshalb, weil es im
eigenen Schatten verborgen liegt...

| 69 |

}ᵧ{ *Wenn man in der menschlichen*
Gesellschaft frei und wild leben will,
wird man zwangsläufig bald zum Freiwild.

| 70 |

M *enn Du Wut in Mut verwandeln*
*willst, genügt es, das „***W***"*
herumzudrehen.

| 71 |

*Wenn man sich schon selbst genug quält,
braucht man nicht auch noch Freiwillige
zur Unterstützung.*

| 72 |

*{!]Wenn man Applaus für eine schlechte
Darbietung erhält, hat man vor dem
falschen Publikum versagt.*

| 73 |

Wenn ich keine Entscheidung treffe, habe ich womöglich mehr Angst vor der richtigen als vor der falschen.

| 74 |

Wenn man Angst haben muss, in Ungnade zu fallen, ist es fast immer eine Verpflichtung, aufrecht zu bleiben.

| 75 |

¹⁾Wenn man sich schon mit der Hälfte zufrieden geben muss, sollte es zumindest die größere Hälfte sein.⁄²

| 76 |

O¡O Wenn rosa Brillen zum Modediktat werden, fallen die dunklen Brillen der Agenten besonders ins Auge °!°

| 77 |

Wenn man Neuland betritt,
braucht man haltbare Schuhe.

| 78 |

Wenn man die Hölle der ewigen Verdammnis im Jenseits fürchtet, verdammt man sich schon im Diesseits zu einem Dasein in Angst und Schrecken.

| 79 |

"___Wenn man sich bereits auf der Zielgeraden wähnt, kann es genau so gut die nächste Runde einer Endlosschleife sein..."

| 80 |

(...)**Wenn** ich früher gewusst hätte, was ich heute weiß, hätte ich es zwischenzeitlich sicher längst vergessen ( ).

| 81 |

Wenn ich mir einen Platz an der Sonne sichern kann, dann aber bitte schön im Schatten!

———

| 82 |

Wenn wir uns nur noch verschwommen daran erinnern können, dass wir einmal schöne Erinnerungen hatten, können wir den Rest getrost auch vergessen...

| 83 |

? **Wenn es nur Unterlassungssünden zu beichten gibt – was beichtet man?**

| 84 |

! **Wenn Du Beifall hören willst, setz' Dich ins Publikum.**
Wenn Du etwas zu sagen hast, stell' Dich auf die Bühne!

| 85 |

[Wenn man auf dem richtigen Weg ist, gibt es keine Umwege.]

| 86 |

"Wenn man Angst vor dem nächsten Tag hat, kann man sich genauso gut auf den übernächsten freuen, an dem der morgige schon Vergangenheit sein wird."

| 87 |

§Wenn Du für den Papierkrieg gerüstet sein willst, musst Du Dich auf die Waffen der Bürokratie einschießen>>>§

| 88 |

/Wenn man dem Menschen die Idee von Gott nimmt, fällt er der Verzweiflung anheim. Gibt man ihm dafür einen Götzen, fällt er der Barbarei anheim.

| 89 |

Wenn man Leerformeln sät,
wird man Worthülsen ernten.

| 90 |

Wenn jemand mit seiner Stärke
prahlen muss, ist er schwach.
**Wenn er zu seinen Schwächen stehen
kann, ist er stark.**

| 91 |

Wenn Du zu schwach bist, um zu gewinnen, kannst Du Deinem Gegner immerhin seinen Sieg aufzwingen.

| 92 |

? Wenn man seine eigenen Potenziale nicht erkennen kann – ist das nun ein Zeichen fehlender Intelligenz oder eher falsche Bescheidenheit?

| 93 |

Wenn Politiker die Welt verändern, erweitern Scheuklappen ihre Wahrnehmung.

| 94 |

❗Wenn man es mit dem Kopf durch die
●Wand geschafft hat, kann es sein, dass
man direkt in eine Gummizelle blickt [°]

| 96 |

Wenn das Siegen zur Gewohnheit geworden ist, kann es sich schnell zum Laster entwickeln.

| 97 |

Wenn uns das Angesicht der Wahrheit nicht gefällt, wird es nicht schöner, wenn wir daran herumoperieren.

| 98 |

Wenn guter Rat teuer ist, dann ist schlechter Rat besonders teuer.

| 99 |

:*:Wenn man Schnee sieht, hat man keine Idee von der Einzigartigkeit jeder Schneeflocke. Wenn man die Menschheit betrachtet, hat man keine Idee von der Einzigartigkeit des Individuums.:*:

| 100 |

(*)Wenn die Wahrheit erst ans Licht gekommen ist, verblasst sie bald zur Bedeutungslosigkeit.(°)

| 101 |

W/enn ich die andere Wange hinhalte, kann es durchaus meine Arschbacke sein – mit der Aufforderung, sie zu küssen.

| 102 |

✝ – Wenn Du mit Gott einen Handel abschließen willst – bedenke, dass ein gutes Geschäft stets nur auf Augenhöhe funktioniert.

| 103 |

|?| Wenn Du Deinen Weg verloren hast – woher weißt Du, dass es der richtige war|?|

| 104 |

|>Wenn ich voran kommen will, muss ich mich nach vorne orientieren.
Wenn ich wissen will, wo vorne ist, sollte ich wissen, wo ich hergekommen bin.<|

| 105 |

~Wenn ein Glas nur halb gefüllt ist, lässt sich darin leichter ein Sturm entfesseln als in einem vollen.

| 106 |

Wenn ein Schiff sinkt, sind die Ratten das letzte, worum man sich sorgen müsste.

| 107 |

./. Wenn ich mir vor Augen führen will, welchen Wert etwas für mich hat, hilft es, mir seinen Verlust vorzustellen .\.

| 108 |

*" Wenn die Realität relativierbar ist,
ist die Relativität real."*

| 109 |

(+!/-?)Wenn das Richtige zu tun und das Falsche zu lassen schon so problematisch ist, wie viel schwieriger ist es, ganz entschieden überhaupt nichts zu tun!

| 110 |

**Wenn Dir Deine Freiheit lieb ist,
solltest Du sie besser behandeln!**

| 111 |

Wenn positives Denken eine Tugend sein soll, ist realistisches Denken dann ein Laster?

| 112 |

> \<Wenn der Fortschrittsglaube nur groß genug ist, wird selbst jeder Rückschritt zur Vorwärtsentwicklung>.

| 113 |

*Wenn man nur auf Erfolgserlebnisse aus ist, genügt es bereits, unwichtige oder falsche Dinge richtig gut und erfolgreich zu tun.**

| 114 |

!Wenn das Leben nicht so ernst wäre,
hätten wir ja überhaupt nichts mehr,
worüber wir uns lustig machen könnten:-)

| 115 |

Wenn Du glaubst, das Richtige zu
tun – tue es!
Wenn Du absolut überzeugt bist,
das Richtige zu tun, hinterfrage es!

| 116 |

?Wenn Du das Leben nur genug liebst,
wird es auch Dich lieben?
Leider ist es fast immer umgekehrt...

| 117 |

)Wenn die Erde beginnt, sich rückwärts zu drehen, werden wir es schon rechtzeitig bemerken.

| 118 |

✝ Wenn die Liebe ins Spiel kommt,
erhöht sich der Einsatz.
Leider nicht immer
auch der Gewinn.

| 119 |

⚔ Wenn man
Gier, Habgier und Sucht besiegen
will, muss man sie entweder
aushungern, oder aber in grenzenloser
Überdosis befriedigen.

| 120 |

? Wenn Werkzeuge arbeiten
könnten, wer bekäme dann das
ganze Arbeitslosengeld?

| 121 |

Wenn uns etwas vermeintlich
Schicksalhaftes widerfährt,
erscheint es uns größer oder
bedeutsamer als wir selbst.
Tatsächlich ist das ganze Leben
größer und bedeutsamer als wir,
und deshalb immer
schicksalhaft.

Wenn Du zu blind bist, das Richtige zu sehen, bitte um Einsicht.

Wenn Du zu schwach bist, das Richtige zu tun, bitte um Kraft.

Wenn Du zu dumm bist, das Richtige zu tun, bitte um Erleuchtung.

Wenn Du zu feige bist, das Richtige zu tun, bitte um Mut.

Wenn Du zu frustriert bist, das Richtige zu wollen, bitte um Gnade.

Wenn Du zu faul bist, das Richtige zu tun, bitte um den Tod.

| 124 |

§ Wenn die Liebe an Bedingungen geknüpft wird, treten wir in den Zustand der Ehe ein.

| 125 |

Wenn man stets blindes Vertrauen schenkt, darf man sich nicht wundern, wenn man sich irgendwann mit der Augenbinde vor einem Exekutionskommando wiederfindet.

| 126 |

? *Wenn die Zeit vergeht...,*
       ...wo geht sie dann hin?

| 127 |

O Wenn Treue leichtfällt, dann entweder aus Faulheit, aus Dummheit, aus Furcht, oder aus Mangel an Gelegenheit. *Oder einfach aus Liebe.*

| 128 |

Wenn ein untreuer Charakter sich selbst treu bleiben will, darf er keine Treue an den Tag legen.

| 129 |

Wenn große Erwartungen berechtigt erscheinen – berechtigt das nicht zur Erwartung ebenso großer Enttäuschungen?

| 130 |

Wenn die große Liebe nicht kommen will, dann vielleicht, weil sie von einer kleinen aufgehalten wurde?

| 131 |

?Wenn ich aufhören könnte, „Wenn" zu sagen, wäre das nun gut oder schlecht? Es wäre das Ende menschlicher Lebensäußerung schlechthin, und damit wahrscheinlich besser für die Welt.

| 132 |

Wenn Du denkst, es geht nicht mehr,
Kommt! Irgendwo! Ein! Blöder!
Sinnspruch her: schlimmer geht immer!

| 133 |

Wenn ich heute ein Bäumlein pflanze, kann ich den morgigen Weltuntergang nicht aufhalten.
Aber ich kann ihn mir verschönern.

| 134 |

|Wenn ein Anfang gemacht ist,
|ist das Ende schon beschlossene Sache|

| 135 |

X*Y Wenn man wissen will, warum bald jede zweite Ehe geschieden wird, sollte man sich vielleicht den Begriff „Ehemalige" etwas genauer anschauen.

| 136 |

~~>?</~~Wenn jeder macht, was er will,
macht keiner mehr, was alle wollen>>>.
Dnu trhekegmu?

| 137 |

Wenn eine Frau vom Schlaf
übermannt wird, dann hat sie
entweder gerade keinen Mann –
oder sie hat gerade einen gehabt.
Oder sie hat einen, den sie gerade
nicht haben will.

| 138 |

Wenn es Nacht wird, dreht sich die Erde im Dunkeln weiter.

| 139 |

Wenn jemand in flagranti erwischt wird, wären die meisten dabei wohl lieber inkognito.

| 140 |

Wenn wir die Wahrheit nicht finden, liegt vielleicht gerade darin ihre tiefere Weisheit?

| 141 |

Wenn man etwas zu wissen glaubt, weiß man, dass man etwas nicht sicher weiß. Das bedeutet Gewissheit über die Unsicherheit, und Gewissheit über den Glauben an dieses Wissen. Eine doppelte Gewissheit also. Wenn man etwas einfach nur weiß, hat man hingegen nur die schlichte Gewissheit seines Wissens.
Was ist besser?

| 142 |

|Wenn Du wirklich nicht mehr kannst, eines kannst Du immer: aufhören.|

| 143 |

)°(Wenn eine Sturmwarnung mehr Wirbel verursacht als der Sturm selbst, kann man sie getrost in den Wind schießen.

| 144 |

>> Wenn man seiner Zeit voraus ist, ist der Vorsprung meistens uneinholbar – für einen selbst-->.

| 145 |

_...¯Wenn ich mich im Schritttempo auf mein Ziel zubewege, bin ich immer noch schneller dort, als wenn ich mit vielfacher Geschwindigkeit darüber hinausschieße.

| 146 |

§ Wenn Charakter käuflich wäre, könnten besonders viele reiche Leute ihn sich nicht leisten.

| 147 |

§ *Wenn man einem Paragrafenreiter begegnet, sollte man aufpassen, dass der Amtsschimmel nicht mit ihm durchgeht.*§

| 148 |

Wenn man auf klare Fragen unklare Antworten erhält, liegt das nicht am Fragesteller.

| 149 |

>>Wenn man seine eigenen Angelegenheiten weiter delegiert, sind es nicht mehr die eigenen Angelegenheiten.

| 150 |

Wenn man schon nicht gewinnen kann, sollte man wenigstens nicht auch noch verlieren müssen.

| 151 |

Wenn Galgenhumor zum totlachen ist, haben alle 'was davon:
der Delinquent, ebenso der Henker und die Zuschauer - alle sterben fröhlich.

„Wenn die Welt wirklich schlecht ist, dann stellt sich die Frage, warum ausgerechnet der Mensch sie verbessern sollte."

| 153 |

Wenn man immer tapfer gegen den Strom schwimmt, ertrinkt man wenigstens gut trainiert.

| 154 |

Wenn der Altersunterschied keine Rolle mehr spielt, war man vorher wohl noch zu jung – **und ist jetzt meistens schon zu alt.**

| 155 |

$\beta=3$ Wenn der Irrtum kollektiviert wird, haben alle etwas davon: den Schaden.

| 156 |

[ ] Wenn wir vergessen, verlieren wir Erinnerungen – aber wir machen auch Platz für neue.(#)

| 157 |

w<u>enn</u> *man seine Ideale verliert, gewinnt man dafür meist den Blick fürs Reale.*

| 158 |

Wenn man ein Wort auf die Goldwaage legt, schwankt sein Wert dramatisch – je nachdem, wessen Goldwaage es ist.

| 159 |

Wenn Sachzwänge überhand nehmen, handelt es sich meist um Zwangsvorstellungen.

| 160 |

Wenn man von Windmachern umgeben ist, stellt man sein Licht besser unter den Scheffel.

| 161 |

Wenn man schon jemanden zu seinem Glück zwingen will, sollte man bei sich selbst anfangen."

| 162 |

Wenn jemand mit Gewalt Spuren hinterlassen will, sind es meistens Blutspuren…...

| 163 |

„Wenn man merkt, wie die Zeit vergeht, merkt man das der Zeit nicht an. Aber sich selbst.

| 164 |

Wenn man einfach immer so weitermacht, als gäbe es kein Morgen, wird man es übermorgen nicht einmal mehr bereuen können.

| 165 |

Wenn Du denkst, es geht nicht mehr,
kommt irgendwo ein Irrlicht her!

| 166 |

Wenn Du dem Wurf einer faulen Tomate nicht standhalten kannst, gehörst Du nicht auf die Bühne.

| 167 |

Wenn die Vorfreude die schönste ist, habe ich keine Angst vor der Hölle!

| 168 |

Wenn sich Deine Tage nur durch die Kalendersprüche unterscheiden –
...immerhin!

| 169 |

Wenn das Vertrauen einmal verspielt ist, rettet auch kein Kredit mehr.

| 170 |

Wenn man in bestimmten Kreisen in Ungnade fällt, ist das kein Fall, sondern ein Aufstieg.

| 171 |

B|ß Wenn ein Ebenbild zum Zerrbild wird, schaut man vielleicht gerade in den Spiegel.

| 172 |

\?/ Wenn man Jemandem den Krieg erklärt, dann möglichst so, dass der Gegner es nicht versteht. \?/

| 173 |

;...Wenn man das Weite sucht, dann
♣meist nicht, weil das Gute so nah liegt.

| 174 |

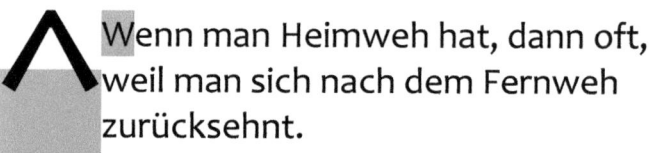
Wenn man Heimweh hat, dann oft,
weil man sich nach dem Fernweh
zurücksehnt.

| 175 |

(@) Wenn Du die Welt bewegen willst, wirf einen Stein ins Wasser.

| 176 |

Wenn man zurück blickt, sieht man seine Versäumnisse und Hinterlassenschaften am Wegesrand. Wenn man voraus blickt, sieht man oft noch nicht einmal den Weg.

| 177 |

?!
• • • Wenn ich anfange zu verstehen,
kann ich anfangen zu verzeihen.

| 178 |

*Wenn „alles wieder gut" werden soll,
ist die Frage berechtigt, ob vorher
schon jemals alles gut gewesen ist.

| 179 |

⁷⁄Wenn man sich im siebten Himmel wähnt, ist man oft schon auf direktem Weg in die Hölle...⁷⁄

| 180 |

|ô| Wenn die Fische der Sprache mächtig wären, würde man sie sicher in Papageienkäfige sperren.
Deshalb sind sie klug genug ,
zu schweigen.

| 181 |

«Wenn der Berg ruft, ist es Leidenschaft. Wenn er zurückruft, ist es nur ein Echo.»

| 182 |

«Wenn der Geist eines großen Menschen weiterleben soll, müssen wir sein geistiges Erbe bewahren.

| 183 |

Wenn man seine eigenen Interessen nicht kennt, kann man auch nicht dafür kämpfen.

| 184 |

Wenn man ohne Anstrengung oben schwimmen will, muss man "Toter Mann" spielen, oder im Toten Meer liegen.
Oder tot im Wasser.

| 185 |

Wenn Du Dich selbst belügst,
belügst Du die ganze Welt.

| 186 |

Wenn man Mitmenschen schätzt,
möchte man sie ungern enttäuschen.
Wenn man Mitmenschen unterschätzt,
hat man sich meistens in ihnen getäuscht.
Hat man sie überschätzt, ist man
zusätzlich enttäuscht.
Wie schwer es doch ist, den Menschen
richtig einzuschätzen!

| 188 |

/?\ Wenn man den einen richtigen Weg sucht, wird man viele Umwege gehen müssen...

| 189 |

Wenn Du Deine Ideale verloren hast – sei's drum: vielleicht findet sie jemand, der mehr damit anzufangen weiß.

| 190 |

Wenn man Frieden sucht, wird man ihn spätestens auf dem Friedhof finden.

| 191 |

Wenn im Alter das Sehvermögen nachlässt, kann man sich leider auch nicht unbedingt auf ein geschärftes Urteilsvermögen verlassen.

| 192 |

<'\ Wenn man seine Stimme einmal leichtfertig abgibt, bekommt man sie so leicht nicht wieder.

| 193 |

--#°--> Wenn Neuland bedrohlich wirkt, ist es am einfachsten, man erklärt ihm vorsorglich den Krieg.

| 194 |

Wenn rosa Brillen zum Modediktat werden, hilft nur noch eine scharfe Lesebrille.

| 195 |

Wenn man in Ungnade gefallen ist, dauert es meistens bis zum nächsten Umsturz, bis man wieder auf Augenhöhe kommt.

| 196 |

Wenn man Konsequenzen fordert, sollte auch man selbst ihnen gewachsen sein.

| 197 |

*Wenn man unter einer Lawine begraben wird, kann man der einzigartigen Schönheit der winzigen Schneekristalle auch keinen Reiz mehr abgewinnen***

| 198 |

Wenn man vor etwas Angst haben muss, dann vor dem Menschen, nicht vor dem Leben.

| 199 |

[...>]Wenn das Naheliegende nicht weiter führt, dann oft deshalb, weil es zu nahe liegt.

| 200 |

○{ <u><<</u>Wenn man sein Heil in der Flucht
sucht, findet man es wahrscheinlich
eher woanders...

| 201 |

✚ /-Wenn Mehrheiten einer
Minderheit missfallen, dann
mehrheitlich, weil sie in der Minderheit ist.

| 202 |

Wenn Dir nie etwas passt, brauchst Du
womöglich einen besseren Schneider.
Oder eine passendere Haltung.

| 203 |

Wenn Dir die Liebe fehlt, nützt es nichts, sie jemand anderem wegzunehmen.

Wenn Dir die Liebe fehlt, kannst Du
sie nur bekommen, indem Du sie
hergibst.

| 204 |

\\Wenn / man / sich / satt / hungern / könnte, / wären / Millionen / Menschen / ständig / überfressen.\\

| 205 |

Wenn man mehrere Eisen im Feuer hat, sagt das mehr über die Qualität des Feuers, als über die der Eisen.

| 206 |

Wenn man in die Ferne schweift,
ist man meist nicht auf das Gute
aus – sondern auf das Bessere.

| 207 |

Wenn man „Aktenordner" für einen
Traumberuf hält, ist man zum
Bürokraten geboren.

| 208 |

ö·ö Wenn man Heimweh hat,
i̲ tut einem die Ferne weh.

| 209 |

<++>-Wenn sich Mehrheiten finden,
dann oft aus Angst vor einer Minderheit.

| 210 |

.%/Wenn man einem Regenschauer zuschaut, ist man selbst einer.

| 211 |

@{Wenn man glaubt, Telefonhörer seien von gestern, hat man vermutlich keine Vorstellung davon, wie viele von ihnen heute bei den Geheimdiensten beschäftigt sind.

| 212 |

Wenn man einen Beschwerdebrief schreibt, ist man deshalb noch lange kein Briefbeschwerer.

| 213 |

~?~ Wenn man als Urlaubsvertreter im Reisebüro arbeitet, kann man dann trotzdem fliegen?

| 214 |

Wenn man seinen Weitblick schärfen will, sollte man weniger fernsehen.

| 215 |

'Wenn ein Heimkehrer nach Hause kommt, dann immer in ein besenreines Zuhause.

| 216 |

? *Wenn mein Neid wie Dein Neid ist,*
● *ist dann Meineid auch wie Dein Eid?*

| 217 |

[*Wenn Faulheit ein Zeichen von Intelligenz ist, sind die Fleißigen zwangsläufig die Dummen. Und zwar dann, wenn sie für die Faulen arbeiten.#]

„Wenn ich mir vorstelle, was ich noch alles brauche,
um glücklich zu werden – wie arm bin ich doch!
Wenn ich mir vorstelle, was ich alles nicht brauche,
um glücklich zu sein – wie reich bin ich doch!"

© Giovanni Cancemi - Fotolia.com

| 219 |

%| Wenn man dem Zufall vertraut,
stehen die Chancen gut, ganz zufällig
zu Fall gebracht zu werden.

| 220 |

[!] Wenn das Werk groß genug ist,
braucht man nicht dahinter zurück-
zutreten, um wahrgenommen zu werden.

| 221 |

**o͜o Wenn man einen Papiertiger reizt,
geht er sofort zum Rückzug über...**

| 222 |

**[?} Wenn man jeden Geburtstag feiert,
als wäre es der letzte, kann man sich
an den letzten sicher nicht mehr erinnern.**

| 223 |

x/Y — Wenn Du Dich dem Glück in die Arme wirfst, können es wohl auch fremde Arme sein.

| 224 |

≤0≥ Wenn man eine radikale Wende vollzieht, ist man wieder voll auf Kurs.
Meistens auf dem alten.

| 225 |

✱ Wenn man dem Eis nicht traut, ...wartet man besser nicht auf Tauwetter.

| 226 |

o]o Wenn die Karikatur realer wird als ihr Vorbild, verliert die Realität ihren Vorbildcharakter.

| 227 |

Wenn Menschen die Welt verändern wollen, meinen sie meist den Menschen.

| 228 |

*Wenn Du klares Wasser willst, musst Du bis zur Quelle gehen.
Wenn Du viel Wasser brauchst, musst Du bis zur Mündung gehen.*

| 229 |

~~We~~nn man die Versuchung bekämpft, dann oft mit dem heimlichen Vorsatz, zu verlieren.

| 230 |

<!> Wenn das Präsenz nicht überzeugt, hat es keinen Wert, sich ins Imperfekt zu flüchten.
Man kann allenfalls versuchen, das Futur zu verbessern.

| 231 |

[☉]Wenn einem dauerhaft nichts
einfällt, wird es Zeit, sich etwas
einfallen zu lassen.

| 232 |

>/< Wenn ich zwischen Diesseits und
Jenseits zu wählen hätte, würde
ich das Andererseits vorziehen.

| 233 |

Wenn man an die Vorsehung glaubt,
hat man oft das Nachsehen.

| 234 |

Wenn der Wettergott zürnt,
dann womöglich, weil der
Wetterprophet gelogen hat?

| 235 |

~~Wenn wirklich nichts mehr geht,~~
~~geht meistens wenigstens noch~~
~~etwas schief.~~

| 236 |

Wenn ein Kalenderspruch Deinen Tag rettet, muss es ein echt beschissener Tag sein.
Oder ein sauguter Kalenderspruch.

| 237 |

Wenn der Weg schon das Ziel ist,
was ist dann der Um- oder der Irrweg?

| 238 |

Wenn Vertrauen nur denen geschenkt wird, die man kontrollieren kann, hat man etwas gründlich missverstanden.

| 239 |

Wenn für mich der helle Tag anbricht, bricht zur selben Minute woanders die finsterste Nacht herein.

| 240 |

Wenn eine Weisheit mir hilft, werde ich sie mir zu Eigen machen. Wenn sie mich erleuchtet, werde ich sie mit dem Rest der Welt teilen.

| 241 |

Wenn Du die Welt verbessern willst, solltest Du Dich auf Deine eigene beschränken.

| 242 |

Wenn ich mich nicht auf meine eigenen Gefühle verlassen kann, kann ich mich auch nicht auf die Gefühle von anderen einlassen.

| 243 |

Wenn der Boden der Tatsachen hart genug ist, gedeihen darauf keine Gegenargumente.

| 244 |

§Wenn man schon durchs Netz gefallen ist, wird einem bei uns gerne noch ein Strick daraus gedreht.§

| 245 |

Wenn man Zweifel sät, kann man schnell sehen, welcher Boden wirklich fruchtbar ist.

| 246 |

Wenn wir voller Hoffnung sind, bleibt kaum Platz für Zweifel.
Wenn wir voller Zweifel sind, bleibt kaum Platz für Hoffnung.
Wie ist das mit verzweifelter Hoffnung?

| 247 |

W~~enn~~ Neuland im Nebel liegt, sollte man es besser nicht „im Hurra" erobern wollen.

| 248 |

)*Wenn man in die Hände spuckt, sollte man die Samthandschuhe vorher besser ausziehen.*

| 249 |

Wenn man aufrecht bleibt, fällt man leichter in Ungnade.

| 250 |

(...)Wenn man das Vertrauen einmal verloren hat, ist das der Beginn einer oft lebenslangen Suchaktion.

| 251 |

* Wenn man eine Lawine lostritt, ist man oft der erste, der von ihr begraben wird.

| 252 |

!/? Wenn man Freund und Feind nicht
● mehr unterscheiden kann, ist es an der Zeit, seine Freundschaften auf den Prüfstand zu stellen. Oder sich selbst.

| 254 |

Wenn man Probleme hat, eine Sache zu beenden, hat man oft plötzlich sehr viel Energie für andere Dinge.

| 255 |

Wenn die Ursache stärker ist als die Wirkung, nennt man das Politik. Im umgekehrten Falle nennt man es **Krieg**.

| 256 |

"Wenn Deine Tage gezählt sind, hast Du jeden Tag Geburtstag."

| 257 |

<**ä**> Wenn man verstehen will, warum manche Kinder nie erwachsen werden wollen, braucht man nur manche Erwachsene auf Kindergeburtstagen zu beobachten.

| 258 |

)Wenn Du glaubst, eine Entscheidung getroffen zu haben, hat oft genug eine Entscheidung Dich getroffen.

| 259 |

Wenn Freiheit nur die Abwesenheit von Regeln wäre, hätten wir keine Möglichkeit, uns dafür oder dagegen zu entscheiden.

| 260 |

i; Wenn Du wirklich unabhängig sein willst, musst Du es aushalten, dass Andere von Dir abhängen.

| 261 |

Wenn *Du die Liebe nicht finden kannst, ist sie vielleicht zu tief in Dir verborgen.*
Wenn *Dich die Liebe nicht finden kann, hast Du Dich vielleicht zu gut vor ihr verborgen.*

| 262 |

Wenn man nicht schwimmen kann, ist es auf gefrorenem Wasser bestimmt sicherer. Aber auch kälter.

| 263 |

Wenn man den Wettlauf gegen die Zeit gewinnen will, sollte man es gemächlich angehen lassen im Leben.

| 264 |

B? Wenn die Gans den Fuchs um Hilfe bittet, wird der sich nicht lange bitten lassen.

| 265 |

▂∧▂ Wenn man alle Brücken hinter sich abgebrochen hat, wird man irgendwann feststellen, dass die Vergangenheit Flügel hat.

| 266 |

!~(*Wenn Du denkst, dass die Welt schlecht zu Dir ist, frage Dich, wie gut Du zur Welt bist.*

| 267 |

Wenn ein Fluss austrocknet, wird man sein Bett noch lange erkennen können. Wenn eine Pfütze verdunstet, wird nichts an sie erinnern als ein Schmutzrand......

| 268 |

>W>enn das Ende näher rückt, werden die letzten Meter umso länger.

| 269 |

[:Wenn man gerne wartet, kann man sich große Erwartungen leisten. Kleine Erwartungen lassen sich meist schneller erfüllen.

| 270 |

Wenn man einem Netz nicht traut,
muss man sich selbst eins knüpfen.

| 271 |

I Wenn zwei sich gut verstehen,
können sie gut miteinander schweigen.
II Wenn drei sich gut verstehen,
ist es eine lustige Runde.
V Wenn vier sich gut verstehen, gibt es
auch einmal betretenes Schweigen.
Wenn fünf sich gut verstehen,
führt meist einer das große Wort.
Wenn mehr sich gut verstehen,
ist es ein kleines Wunder.

| 272 |

! Wenn das Siegen zur Pflicht wird, kann man nur noch versagen.

| 273 |

+ /-Wenn sich bei einer Fifty/Fifty-Vereinbarung einer übervorteilt fühlt, dann sicher deshalb, weil der andere die größere Hälfte erwischt hat.

| 274 |

Wenn man mit etwas aufhört, kann das ein guter Anfang sein]

| 275 |

Wenn man das Richtige getan hat, war es immer der Mühen und Opfer wert. Wenn nicht, hat es fast immer Mühen und Opfer gekostet.

| 276 |

Wenn man Gabeln stapeln will, braucht man dafür bestimmt keinen Gabelstapler.

| 277 |

Wenn man sich an die Wahrheit hält, braucht man sich nicht so viele Lügen zu merken.
Nur die der anderen.

| 278 |

U°Wenn jemand in der Badewanne singt, ist das noch lange keine Seifenoper.

| 279 |

…\! Wenn man Misstrauen sät, sollte man sich nicht wundern, wenn kein Vertrauen wächst.

| 280 |

?.?Wenn die Qual der Wahl überhand nimmt, gibt es sicher schlimmere Qualen, die man wählen kann.

| 281 |

*°*Wenn man sich am Tag nach seinem Geburtstag „wie neu geboren" fühlt, hat man ihn wahrscheinlich nicht ordentlich gefeiert.

| 282 |

Wenn Deine Zeit gekommen ist, ist Dein Leben meist schon vergangen.

| 283 |

Wenn Dir ein chinesisches Sprichwort begegnet, lächle weise, ganz so, als ob Du es verstanden hättest.

| 284 |

!Wenn der Fuchs die Gans um Hilfe bittet, dann braucht sie selbst bald welche.

| 285 |

Wenn Du die Welt für schlecht hältst, denke an all' die Weltverbesserer, die schon vor Dir ihren Beitrag dazu geleistet haben.

| 286 |

Wenn man am Verdursten ist, trinkt man aus jeder Quelle.

| 287 |

Wenn Versuch und Irrtum die Grundlagen der menschlichen Entwicklungsgeschichte bilden, sind wir dann Versuch, oder doch eher Irrtum............................?

| 288 |

„Wenn man nicht von Versuchungen heimgesucht würde, könnte man ihnen nicht widerstehen" - sagte der Heilige.

| 289 |

„Wenn man nicht von Versuchungen heimgesucht würde, könnte man ihnen nicht nachgeben" - sagte der Lebenskünstler.

| 290 |

„ Wenn man nicht von Versuchungen heimgesucht würde, könnte man sie nicht verteufeln"
- sagte der Prediger.

| 291 |

„ *Wenn man nicht von Versuchungen heimgesucht würde, könnte man sie ausleben"*
- *sagte der Angsthase.*

| 292 |

„ Wenn man nicht von Versuchungen heimgesucht würde, könnte man nicht darüber philosophieren" - sagte der Philosoph.

| 293 |

„ *Wenn man nicht von Versuchungen heimgesucht würde, müsste man sie suchen"*
- sagte der Weise.

| 294 |

„ Wenn man nicht von Versuchungen heimgesucht würde, müsste die Bibel neu geschrieben werden" - sagten die Propheten.

| 295 |

„ Wenn man nicht von Versuchungen heimgesucht würde, gäbe es uns nicht" - sagten der Psychiater, der Dieb, der Polizist, der Richter, der Scheidungsanwalt, der Werbefuzzi, der Spekulant...ach, und überhaupt der ganze verführbare Rest der Menschheit.

| 296 |

„ Wenn man nicht von Versuchungen heimgesucht wird, hat man entweder keine Fantasie, oder man ist schon tot" – sagte einer, der es wissen muss.

| 297 |

„ *Wenn man von Versuchungen verschont bleiben will, sollte man es einmal mit Nachgeben versuchen"* – sagte der Pragmatiker.

| 298 |

§§Wenn man einer Versuchung nachgibt, ist man entweder schwach geworden, oder stark genug, um die Folgen zu genießen.

| 299 |

ß:Wenn man bereut, einer Versuchung nachgegeben zu haben, ist es hoffentlich die Reue nach übermäßigem Genuss.

| 300 |

❗Wenn Dir eine Last schwer wird,
betrachte sie als Krafttraining!

| 301 |

(°) Wenn man ein Vakuum vergrößern will, muss man den umgebenden Raum vergrößern: multipliziere geistige Leere mit der breiten Masse!

| 302 |

Wenn das Wetter schlecht wird, dann nur, weil das gute Wetter woanders hinzieht.

| 303 |

Wenn Du nur tust, was Dir gefällt, tust Du anderen keinen Gefallen.
Wenn Du nur tust, was anderen gefällt, tust Du Dir selbst keinen Gefallen.
Also tue Dir selbst den Gefallen, nur Dinge zu tun, die allen gefallen – Dir selbst ebenso wie den anderen.

| 304 |

>"< Wenn man Zweifel im Keim ersticken will, sollte man nicht am Humus guter Argumente sparen.

| 305 |

Wenn sich etwas falsch anfühlt, wird es nicht dadurch richtiger, dass man es nur lange und intensiv genug berührt. Lediglich die Empfindsamkeit für das Falsche nimmt ab.

| 306 |

Wenn man Liebesbeweise einfordert, ist das der Versuch, jemanden an die Beweiskette zu legen.

| 307 |

Wenn die Ehe am Ende ist, sträuben sich die meisten, ihre Kröten auszuspucken – vielleicht, weil sie am Anfang allzu willig bereit waren, welche zu schlucken.

| 308 |

Wenn jemand dabei ist, eine schöne Dummheit zu begehen, geht es nicht selten um eine dumme Schönheit.

| 309 |

/wenn ganz viele Gefühle im Spiel sind, ist es wahrscheinlich Liebe. Wenn es nur ein Gefühl ist, wahrscheinlich eher nicht.[1]

| 310 |

$€$ *Wenn Glück immer verdient wäre, gäbe es nicht so viele unglückliche Millionäre.*

| 311 |

~Y~ *Wenn die Zeit wie im Fluge vergeht – wie viel Zeit müssen dann die glücklichen Vögel haben! Sonst würden sie doch sicher zu Fuß gehen...*

| 312 |

Wenn man schon Bedingungen stellt, sollte man sie auch einhalten können.

| 313 |

Wenn ich keine Entscheidung treffe, entscheide ich mich dafür, keine Entscheidung zu treffen.

| 314 |

? *Wenn die Liebe lieben könnte,
wäre sie dann wohl auch manchmal
unglücklich verliebt?*

| 315 |

[@] *Wenn man permanent online ist,
legt man sich die Leine zur
eigenen Gängelung freiwillig um den Hals.*

| 316 |

Wenn man sich für etwas schämen muss, dann dafür, „auch nur ein Mensch" sein zu wollen.

| 317 |

+ > − Wenn eine Mehrheit Minderheiten bedrohlich findet, dann deshalb, weil sie sich ihrer Mehrheit nicht sicher ist.

| 318 |

jµ *Wenn man einem Cowboy zu Fuß begegnet, ist das nicht zwangsläufig ein Sattelschlepper.*

| 319 |

!. Wenn schon für den Patronenfüller
••• keine Munition mehr da ist,
womit sollte man dann erst eine
Kriegserklärung unterschreiben.?!

| 320 |

7 Wenn man wissen will, wo der siebte
Himmel ist, muss man zuerst sechs
andere durchlebt haben.

| 321 |

Wenn der Verstand versucht,
die Liebe zu zügeln, wird er ihre
Macht spüren.
Wenn er versucht, sie zu beschreiben,
wird er scheitern.
Wenn er versucht, sie zu leben,
wird er sie begreifen.

| 322 |

Wenn man als Urlaubsvertreter unterwegs ist, hat man trotzdem Urlaubsanspruch.

| 323 |

*Wenn man beim Radfahren eine Fliege ins Auge bekommt, ist das ihr Tod. Wie viele Insektenleben könnten gerettet werden, wenn wir nur den Mut hätten, mit geschlossenen Augen zu fahren!

| 324 |

Wenn Du die Wahrheit suchst, kannst Du sie womöglich nicht finden. Aber Du kannst sie auch nicht verlieren...

| 325 |

Wenn man die Starken schwächt, stärkt das nicht die Schwachen. Genauso, wie es die Starken nicht schwächt, wenn man die Schwachen stärkt. Die Frage ist allerdings, was ein System besser verkraften kann: starke Schwächen oder schwache Stärken?

| 326 |

*Wenn man einem Papiertiger begegnet, genügt es oft, ihn um Feuer zu bitten, um ihn in die Flucht zu schlagen.

| 327 |

Wenn schöne Erinnerungen das Beste sind, was uns vom Leben bleibt, sollten wir uns täglich welche für die Zukunft zurücklegen.

| 328 |

(✳) Wenn die Liebe kommt, geht oft der Verstand. Wenn er wiederkommt, ist die Liebe oft auch schon gegangen.

| 329 |

Wenn man zwischendurch ein wenig innehält, kann man die Zeit zwar nicht anhalten – man kann ihr aber entspannter beim Vergehen zusehen…

| 330 |

!Wenn schon Kunst,
dann aber bitte nach
meinem Verständnis!

| 331 |

Wenn man alle Brücken hinter sich abbricht, dann oft aus Angst, doch noch zurückkehren zu wollen.

| 332 |

[ä]Wenn der Indikativ zu schwach ist,
dann oft, weil er aus einem noch
schwächeren Konjunktiv entstanden ist.

| 333 |

✝ Wenn Du Dich zu gut für
diese Welt hältst, solltest
✝ ✝ Du Dich schleunigst auf
den Weg in eine bessere machen.

| 334 |

Wenn man Verben substantitivieren kann, gilt das noch lange nicht für Phrasen.

| 335 |

Wenn Dir jemand den Himmel verspricht, bedenke, dass Dir dann die Erde auf den Kopf fallen kann.

| 336 |

Wenn manche Leute über Kopfweh klagen, scheint es sich eindeutig um Fälle von Phantomschmerz zu handeln.

| 337 |

Wenn man sich schon schweren Herzens zum Nichtstun entschließt, sollte man sich nicht auch noch mit einem schlechten Gewissen belasten.

| 338 |

!ö! Wenn Du einen Hochmütigen zu Fall bringen willst, musst Du sein hohes Ross mit Kleinmut füttern.

| 339 |

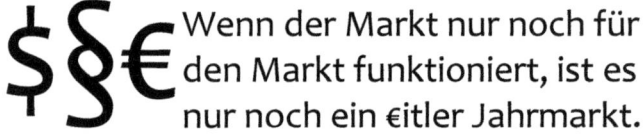Wenn der Markt nur noch für den Markt funktioniert, ist es nur noch ein €itler Jahrmarkt.

| 340 |

Wenn Du die Kraft der Liebe erfahren willst, kämpfe um sie. Nicht gegen sie.

| 341 |

Wenn eine Last zu schwer ist, um sie alleine zu schultern, finden sich immer Freiwillige, die einem gerne dabei helfen, sie sich aufzubürden.

| 342 |

7 Wenn man die Liebe töten könnte, gäbe es längst keine mehr unter den Menschen.

| 343 |

We Du mit einem Menschen zusammen bist, mit dem Du nicht leben kannst, ist das viel schlimmer, als getrennt von demjenigen zu sein, ohne den Du nicht sein kannst...

| 344 |

− = + Wenn man Ungleiches gleich behandelt, ist das gleichermaßen unangemessen, wie Gleiches ungleich zu behandeln.

| 345 |

--> Wenn Amors Pfeil Dich trifft, bedenke, dass auch diese Pfeile in's Auge gehen können. So viel zum Thema: Liebe macht blind.

| 346 |

W! *enn schon faule Ausreden, dann aber bitte welche, die man irgendwann einmal selbst gebrauchen kann!*

| 347 |

-/- Wenn die Erwartungen eines Pessimisten enttäuscht werden, haben sich seine Hoffnungen erfüllt. Ein Optimist hingegen ist ein hoffnungsloser Fall – er kann nur enttäuscht werden.

| 348 |

Wenn man die Erwartungen seiner Mitmenschen nicht enttäuschen will, sollte man besser gar nicht erst welche wecken.

| 349 |

Wenn es fremder Laster bedarf, um sich selbst tugendhaft fühlen zu können, wird es Zeit, sich eine weniger lasterbehaftete Tugend zuzulegen!

| 350 |

Wenn die Liebe gedeihen soll, darf man sie nicht überdüngen.

| 351 |

Wenn man zeitlebens versucht hat, ein besserer Mensch zu werden, wird man dieses Ziel spätestens an seinem Todestag erreicht haben.

| 352 |

Wenn ein Schiff sinkt, ist es zu spät für Schwimmkurse.

| 353 |

Wenn man Hoffnung so nötig braucht, dass man sie aus jedem Schiss zu schöpfen bereit ist, der auf einen herabregnet, ist es klüger, sich vor ihr zu schützen.

| 354 |

Wenn man etwas aus Liebe tut,
hat das nicht immer Verstand.
Wenn man etwas mit Liebe tut, hat das fast immer Bestand.

| 355 |

Wenn man die Freiheit von Rede und Meinungsäußerung bewerten will, ist es hilfreich, den Papageien im Käfig genau zuzuhören.

| 356 |

Wenn Dir jemand seine Gefühle erklärt, achte auf die Zwischentöne!

| 357 |

Wenn man einem Papiertiger begegnet, braucht man ihn nicht zu fürchten – solange man selbst nicht von Pappe ist.

| 358 |

Wenn man die Liebe liebt, muss man sie gewähren lassen.

| 359 |

Wenn die Eitelkeit schön wäre, müsste sie sich nicht ständig im Spiegel anschauen, um sich ihrer selbst zu vergewissern.

| 360 |

[!] *Wenn Du die Regeln verletzt, um zu gewinnen, kannst Du nur verlieren.*

| 361 |

(∓) *Wenn jemand entscheidungsschwach ist, liegt seine Stärke eindeutig in der Vermeidung von Entscheidungen...*

| 362 |

Wenn Zeit das Einzige ist, was man noch gewinnen kann, hat man keine Zeit mehr zu verlieren.

| 363 |

Wenn man etwas mit Liebe verwechselt, ist das ein Irrtum der Wünsche, nicht des Herzens.

| 364 |

Wenn man anfängt, über Kalendersprüche zu sinnieren, ist es an der Zeit, über sein Leben nachzudenken.

| 365 |

Wenn der 3600. Teil einer Stunde ausreicht, ein Leben zu verändern, was kann dann erst der 365. Teil eines Jahres verändern?

Dankesnote

an das Leben, das mich täglich Neues lehrt, sowie an die wenigen Menschen, denen ich meine guten Erfahrungen verdanke, und die einen Abschnitt ihrer Lebenszeit mit mir geteilt haben, sei es nun freiwillig, zufällig oder vielleicht auch notgedrungen.

Fast ebenso großen Dank hingegen widme ich all' jenen, die mein Urteilsvermögen, meine Kritikfähigkeit und meine Widerstandskraft durch ihre Ignoranz, ihre Gier, ihre Beschränktheit und ihre selbstverschuldete Denkbehinderung geschärft und gestärkt haben. Weiter so!

Und selbstverständlich stehe ich in der Schuld aller geistigen Vorväter und -mütter: Vorbilder und Vordenker, deren Gedankengut den fruchtbaren Humus bildet, auf dem meine eigenen bescheidenen Ambitionen, Denkversuche und -ergebnisse in fröhlichem Wildwuchs vor sich hinwuchern.

Der Autor

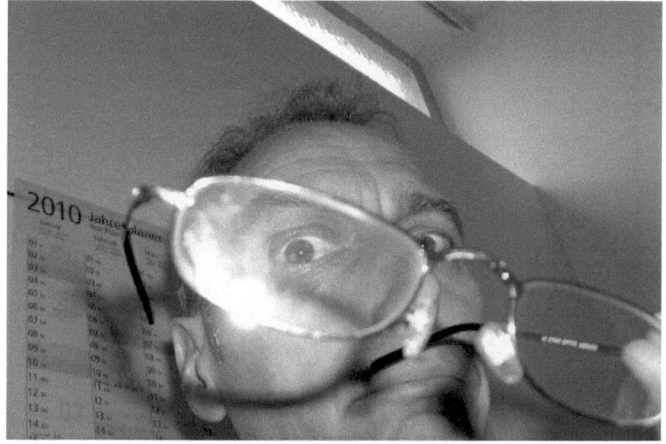

Mathias Bluemlein formuliert gerne einmal durch die Blume.

Hinter seiner vielschichtigen Vita und Biografie verbirgt, nein: offenbart sich ein wacher, stets jugendlich provokanter und kritischer Geist. Bluemlein hat schon diversen Musen gehuldigt und präferiert meist das Schreiben, weil es bis heute mit einem Minimum an Produktionsmitteln, bei einem Maximum an Mobilität, zu realisieren ist. Er nimmt daher auch den eher unterdurchschnittlichen Deckungsbeitrag seiner freischwebenden beruflichen Existenz billigend in Kauf.

>>>

In seiner jahrzehntelangen Berufserfahrung als freier Werbeberater und -texter, Redakteur, Markenentwickler und Namenserfinder hat der Autor die Untiefen unseres kapitalistisch verformten Gesellschaftssystems nachhaltig ausgelotet.

Je nach Sujet tritt er unter diversen Pseudonymen einschlägig in Erscheinung, beispielsweise unter seinem bürgerlichen Namen, mit dem er u.a. seit Jahren für einen blog unter der vielsagenden Adresse www.meine-krise.de verantwortlich zeichnet.

Als eingeschworener Autodidakt bedient Bluemlein eine erstaunliche Bandbreite an Themen, die er zumeist stilsicher und nicht ohne humorbegabte Distanziertheit zu bearbeiten weiß.

Sein Spektrum umfasst gefühlsbetonte Lyrik ebenso wie Kurzgeschichten oder grotesk anmutende Lachnummern, sogar ein dramatisch angereichertes Fachbuch, das den Erfolgsgeheimnissen von Selfmade-Biografien nachspürt (www.diy-reichtum.de), ist darunter.

Der Autor lebt und arbeitet bevorzugt autonom, anonym und ambulant, und ist derzeit ohne festen Vorsatz unterwegs. Aktuell schreibt er u.a. an einem Kurzgeschichtenband – mit noch ungewissem Ausgang.